DEPORTES EN ACCIÓN

Fútbol

en acción

Niki Walker y Sarah Dann

🌳 Crabtree Publishing Company

www.crabtreebooks.com

Serie creada por Bobbie Kalman

Dedicado a Dylan, Myles y Tess Turner
con ovaciones desde fuera de la cancha

Editora en jefe
Bobbie Kalman

Equipo de redacción
Niki Walker, Sarah Dann,
John Crossingham

Editora ejecutiva
Lynda Hale

Editoras
Kate Calder,
Jane Lewis

Diseño por computadora
Lynda Hale, Niki Walker,
Robert MacGregor (portada)

Consultor
Len Turton es fundador del grupo de fútbol
juvenil de St. Catharines y ha sido entrenador
de fútbol durante muchos años.

Consultores lingüísticos
Dr. Carlos García, M.D., Maestro bilingüe de Ciencias, Estudios Sociales y Matemáticas;
Dana Delgado

Agradecimiento especial a
Andrew Corolis, Nikolai Coutinho, Christina Gittings, Ransom Hawley, Sarah McNally, Danielle Paolone, Akshay
Shetty, Anne Kubu, Paul Lewis y Ridley College; Sr. John Childs, Sra. Kajak, Sra. Ricciardelli, Shawn Knott, Tran
Duy Binh, Akins Fortune, Kristi Evenden, Lydia Zemaitis, Kelsey Westbrook, Michael Zigomanis, Kyle Derry, Neil
Bell, Ali Raza, Fatima Ahmed, Holly Morin, Rachel Ward, Abby Hume y Earl Haig Public School; Linda Weigl y
Warren Rylands; Sam Turton; Josh Wiwcharyk

Fotografías y reproducciones
Marc Crabtree: páginas 13, 19, 20, 21 (ambas), 23, 24, 27, 28 (parte superior), 29 (ambas); Bruce Curtis: páginas 12,
16, 17, 18, 28 (pie de página), 30 (pie de página); Bob Tringali/SportsChrome: página 22; Linda Weigl: página 14;
otras imágenes de Digital Stock y Eyewire, Inc.

Ilustraciones
Trevor Morgan: balones de fútbol en todo el libro, páginas, 4, 6-7, 9, 12, 13
Bonna Rouse: páginas 10-11, 15, 17, 19, 22, 23, 25, 26, 27, 31 (pie de página)

Coordinación de producción
Hannelore Sotzek

Traducción
Servicios de traducción al español y de composición
de textos suministrados por translations.com

Crabtree Publishing Company
www.crabtreebooks.com   1-800-387-7650

Library of Congress Cataloging-in-Publication Data
Walker, Niki, 1972-
   [Soccer in action. Spanish]
Fútbol en acción / written by Niki Walker & Sarah Dann.
     p. cm. -- (Deportes en acción)
   Summary: Introduces the techniques, equipment, rules, and safety requirements of soccer.
   Includes index.
   ISBN-13: 978-0-7787-8570-5 (rlb)
   ISBN-10: 0-7787-8570-X (rlb)
   ISBN-13: 978-0-7787-8616-0 (pb)
   ISBN-10: 0-7787-8616-1 (pb)
   1. Soccer--Juvenile literature. 2. Soccer--Training--Juvenile literature.
I. Dann, Sarah, 1970- II. Title. III. Series.
   GV943.25.W3518 2005
   796.334--dc22
                                        200501478
                                        LC

**Publicado en los
Estados Unidos**
PMB 16A
350 Fifth Ave.
Suite 3308
New York, NY
10118

**Publicado en
Canadá**
616 Welland Ave.,
St. Catharines,
Ontario, Canadá
L2M 5V6

**Publicado en el
Reino Unido**
73 Lime Walk
Headington
Oxford
OX3 7AD
Reino Unido

**Publicado en
Australia**
386 Mt. Alexander Rd.,
Ascot Vale (Melbourne)
VIC 3032

Contenido

¿Qué es el fútbol?　　　　4

Bienvenidos a la cancha　　6

Elementos fundamentales　8

Precalentamiento　　　　10

Conoce el balón　　　　　12

A patadas　　　　　　　14

¡Muévete!　　　　　　　16

Pases　　　　　　　　　18

Matar el balón　　　　　20

¡Usa la cabeza!　　　　　22

Haz tu mejor tiro　　　　24

Paradas salvadoras　　　26

Entradas　　　　　　　28

Las reglas del juego　　　30

Terminología del fútbol e índice　32

¿Qué es el fútbol?

El fútbol es el deporte más popular del mundo. A la gente le encanta porque es rápido y emocionante. Los jugadores de dos equipos corren por un campo y tratan de anotar **goles**, enviando el balón a la portería del rival. El equipo con más goles gana. Sólo el **portero** puede tocar el balón con las manos. Los demás jugadores pueden tocar el balón con las piernas, los pies, el pecho y la cabeza. La mayoría de los juegos, o **partidos**, duran 90 minutos. En Estados Unidos y Canadá, el **fútbol** se conoce como *soccer*.

Competencia mundial

Más de 200 países pertenecen a la organización mundial conocida como **FIFA**, o **Federación Internacional de Fútbol Asociación**. La FIFA organiza competencias internacionales de fútbol.

Los equipos de los distintos países se enfrentan con la esperanza de competir en el mayor torneo de fútbol: la **Copa Mundial**. A la izquierda aparece el trofeo de ese torneo. Sólo 24 de los más de 200 equipos llegan a la Copa Mundial, que se juega cada cuatro años. Mil millones de personas ven por televisión el partido del campeonato de la Copa Mundial: ¡eso es una de cada seis personas en el mundo!

Bienvenidos a la cancha

Los partidos de fútbol se juegan en un gran campo rectangular llamado **cancha**. La cancha está marcada con líneas, como se ilustra en el dibujo inferior. Un equipo de fútbol tiene once jugadores. Cada jugador ocupa una **posición** diferente, lo cual significa que cubre un área determinada de la cancha. Un partido de fútbol comienza con un **saque de salida**.

El balón se coloca en el **punto central** y un jugador del equipo que abre el juego le da un corto pase hacia delante a un compañero de equipo. Los rivales no pueden entrar en el círculo central hasta que se toque el balón. También se hace un saque de salida después de meter un gol y al comenzar el segundo tiempo.

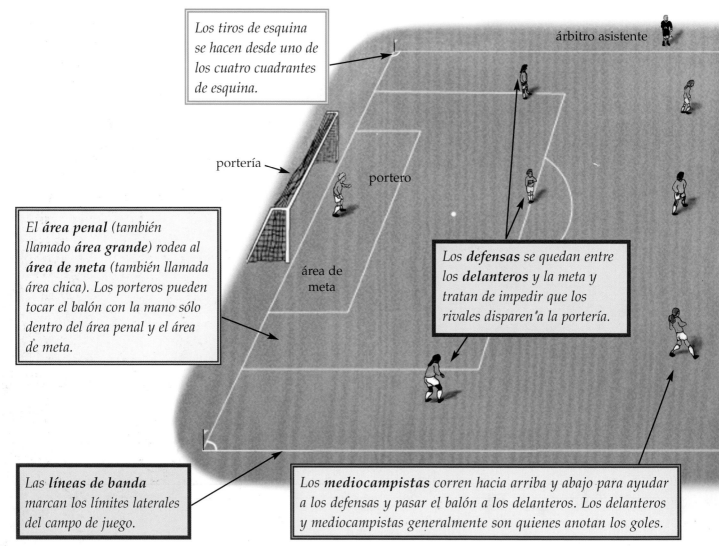

Los tiros de esquina se hacen desde uno de los cuatro cuadrantes de esquina.

árbitro asistente

portería

portero

*El **área penal** (también llamado **área grande**) rodea al **área de meta** (también llamada área chica). Los porteros pueden tocar el balón con la mano sólo dentro del área penal y el área de meta.*

área de meta

*Los **defensas** se quedan entre los **delanteros** y la meta y tratan de impedir que los rivales disparen a la portería.*

*Las **líneas de banda** marcan los límites laterales del campo de juego.*

*Los **mediocampistas** corren hacia arriba y abajo para ayudar a los defensas y pasar el balón a los delanteros. Los delanteros y mediocampistas generalmente son quienes anotan los goles.*

Ataque y defensa

Un equipo **ataca** o **defiende**, según tenga o no tenga el balón. En el dibujo inferior, el equipo rojo tiene el balón, por lo cual ataca. Sus jugadores tratan de anotar goles. El equipo azul defiende. Sus jugadores tratan de recuperar el balón e impedir que el otro equipo anote goles. Los jugadores deben estar preparados para cambiar rápidamente entre el ataque y la defensa.

Fuera del terreno de juego

A veces los jugadores ponen el balón **fuera del terreno de juego**. Si sacas el balón por la línea de banda, el otro equipo lo pone en juego con un saque de manos desde el lugar donde salió el balón. Si sacas el balón por la línea de meta del equipo rival, el portero contrario patea el balón para volver a ponerlo en juego. En cambio, si sacas el balón por la línea de meta propia, el equipo rival tiene un **tiro de esquina**.

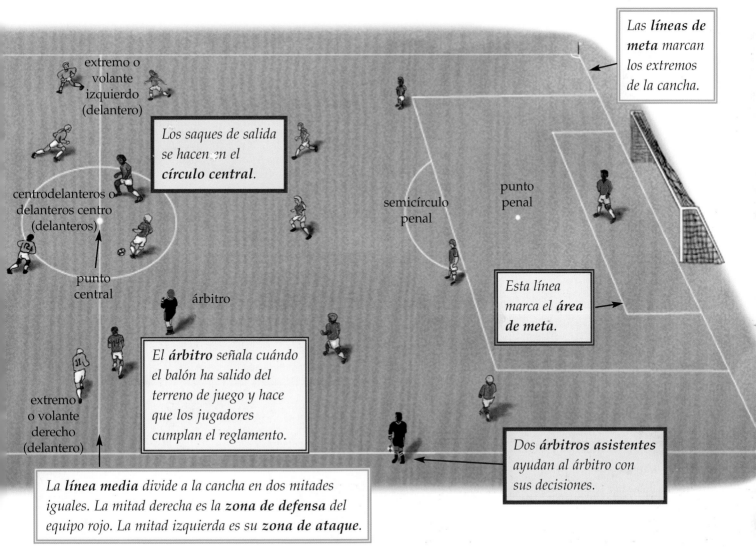

extremo o volante izquierdo (delantero)

*Los saques de salida se hacen en el **círculo central**.*

centrodelanteros o delanteros centro (delanteros)

punto central

árbitro

*El **árbitro** señala cuándo el balón ha salido del terreno de juego y hace que los jugadores cumplan el reglamento.*

extremo o volante derecho (delantero)

semicírculo penal

punto penal

*Las **líneas de meta** marcan los extremos de la cancha.*

*Esta línea marca el **área de meta**.*

*Dos **árbitros asistentes** ayudan al árbitro con sus decisiones.*

*La **línea media** divide a la cancha en dos mitades iguales. La mitad derecha es la **zona de defensa** del equipo rojo. La mitad izquierda es su **zona de ataque**.*

Elementos fundamentales

El fútbol no requiere mucho equipo. Un balón es todo lo que necesitas para practicar tus habilidades y jugar partidos por diversión. Sin embargo, si deseas jugar en una **liga**, necesitarás el equipo descrito en la siguiente página.

La vestimenta

Los uniformes de los equipos están hechos de camisetas livianas, pantalones cortos y medias hasta la rodilla. Los jugadores usan **espinilleras** debajo de las medias. También necesitan calzado adecuado.

Listos en la meta

Los porteros usan pantalones cortos y camisetas de manga larga. Las camisetas de los porteros son de colores diferentes a los del resto del equipo, para que sea fácil distinguir al portero de entre los jugadores. A veces también usan uniformes acolchados. El acolchado los protege cuando se lanzan para atajar el balón. Muchos porteros también usan guantes con textura que les ayudan atrapar y sujetar el balón.

Los jugadores de fútbol suelen recibir patadas en las espinillas. Se protegen con escudos de plástico llamados espinilleras. Las medias ajustadas las mantienen en su lugar.

Los balones de fútbol son de cuero. Vienen en tres tamaños: números 3 y 4 para niños y número 5 para adolescentes y adultos.

*Los zapatos livianos, llamados **botines**, ayudan a los jugadores a patear el balón con precisión. En la parte inferior tienen **tacos** de plástico. Los tacos se clavan en el suelo y les dan más agarre a los jugadores cuando corren, se detienen y cambian de dirección. Siempre hay que limpiar el barro de los tacos después de usarlos. Para ventilar los botines, afloja los cordones y saca las lengüetas.*

Una botella con agua debe ser parte normal de tu equipamiento. El ejercicio te hace sudar y tu cuerpo pierde agua. Si no consumes líquido, puedes enfermarte, especialmente los días calurosos.

Precalentamiento ⚽

Antes de la práctica o de un juego, es importante estirar y calentar los músculos. El precalentamiento afloja los músculos para que puedas moverte mejor y ayuda a evitar lesiones, como tirones y esguinces. Aunque al jugar al fútbol usas principalmente las piernas, igualmente necesitas precalentar el resto del cuerpo. Haz movimientos lentos y nunca saltes ni te estires más de lo que te resulte cómodo.

Círculos con el tronco

Párate con los pies abiertos a la anchura de los hombros y las manos sobre la cadera.Gira la cadera en círculos con los pies bien apoyados en el suelo y los hombros lo más inmóviles posible.

Estiramiento del cuello

Es fácil lesionarse el cuello, así que estíralo con cuidado. Párate con los pies ligeramente separados. Inclina la cabeza hacia delante para que el mentón toque el pecho. Luego gira lentamente la cabeza hacia un hombro y luego hacia el otro. No gires la cabeza hacia atrás ni más de lo que te resulte cómodo. Haz cinco estiramientos hacia cada hombro.

Círculos con los brazos

Gira los brazos haciendo grandes círculos. Haz círculos cada vez más pequeños hasta que los brazos hagan círculos pequeñitos hacia los costados. Cambia de dirección, comenzando con círculos pequeños y termina con círculos gigantes.

Estiramiento de cuádriceps

Párate sobre el pie izquierdo. Usa la mano izquierda para apoyarte en una pared. Levanta el pie derecho por detrás hasta que lo puedas tomar con tu mano derecha. Tira suavemente hasta que sientas la tensión en la parte delantera de la pierna. Mantén la tensión, cuenta hasta diez y luego cambia de lado.

Estiramiento de tobillos

Siéntate en el suelo con una pierna estirada. Dobla la otra para poder tomarte el pie. Gíralo con suavidad formando círculos. Haz diez círculos hacia un lado, detente y luego haz diez círculos hacia el otro lado. Cambia de pierna.

Zancadas

Párate con los pies separados a la anchura de los hombros. Dobla las rodillas hasta que sientas la tensión en la parte interna de la pierna derecha. Mantén la tensión y cuenta hasta cinco. Enderézate y cambia de lado.

Estiramiento en "V"

Siéntate con las piernas en "V". Estira los brazos frente a ti hasta que sientas tensión en la parte trasera de las piernas y las nalgas. Mantén la tensión y cuenta hasta diez.

Conoce el balón

Antes de comenzar a practicar tus habilidades futbolísticas, debes conocer el balón. Aprende cómo se mueve cuando lo pateas con diferentes partes del pie. Trata de patear distintos puntos del balón para ver qué pasa. El conocimiento de cómo se mueve te ayudará con destrezas como pasar y disparar a gol. Durante un partido, necesitarás hacer largos tiros al otro lado de la cancha, así como pases cortos y rápidos para esquivar un rival.

Para sentir el balón, pásalo de un pie al otro. Comienza lentamente y aumenta la velocidad poco a poco.

Uso del botín

Cada vez que des un pase o dispares a la portería, debes decidir qué parte del botín usarás. Cada parte le da al balón un movimiento diferente.

Al patear con la parte interna del botín logras mayor potencia y precisión.

Puedes usar el talón para hacer tiros cortos hacia atrás.

La parte externa del botín es útil para hacer pases engañosos que sorprendan a un rival cercano.

La punta del botín es la parte con la que se tiene menor control del balón.

¡Diviértete!

Una de las mejores formas de desarrollar la coordinación, los reflejos y el manejo del balón es los **malabares**. Con ellos mantienes el balón en el aire mediante toques de los pies, las rodillas, el pecho, la cabeza y las piernas. ¡No puedes usar las manos! Cuenta los toques seguidos que puedes hacer sin perder el control del balón. Como reto, intenta hacer cinco toques seguidos con los pies, luego cinco con las rodillas y así sucesivamente.

La clave para la puntería

Para aprender a patear el balón en una determinada dirección se requiere práctica. Imagina que el balón tiene líneas como las de la figura y entonces será más fácil tener buena puntería.

Patea la parte superior del balón para que rebote bruscamente en el suelo.

Patea el balón donde las líneas se cruzan y lo harás rodar derecho hacia delante.

Patea el balón en el lado derecho e irá hacia la izquierda.

Este muchacho practica malabares. Puedes practicarlos solo, con un amigo o con un grupo de amigos.

Patea el balón en el lado izquierdo e irá a la derecha.

Patea la parte inferior del balón para mandarlo a gran altura.

A patadas

Patear el balón es la habilidad más importante que se debe dominar para ser un buen jugador de fútbol. Debes golpear el balón con rapidez y precisión para dar grandes pases y hacer goles. Parece fácil: mueves la pierna y golpeas el balón con el pie, ¿verdad? ¡Error! ¡Se necesita mucha práctica! Aprende los diferentes tipos de patadas que se describen aquí y úsalos en los ejercicios de las siguientes páginas.

*Cuando patees, baja la vista y mira al balón, no al blanco. Si tu **pie de apoyo** (el pie con el que no pateas) apunta a tu objetivo, el balón irá allí. También es importante mantener firme el tobillo del pie que patea cuando le pegas al balón. Eso le dará potencia al tiro.*

Tiro elevado

Para lograr un tiro largo, patea hacia arriba. Pon el pie de apoyo a un lado y un poco detrás del balón. Con el **empeine**, patea el balón debajo de la línea media y **acompaña el golpe**, es decir, no detengas el movimiento de la pierna después de golpear el balón.

Golpe con la parte externa del pie

El **golpe con la parte externa del pie** se utiliza para hacer tiros rápidos y cortos y pases laterales. Pon el pie de apoyo a un lado y detrás del balón. Patea el balón con la parte externa del pie y acompaña el movimiento.

Pase recto

Un **pase recto** hace que el balón ruede con un movimiento suave. Pon el pie de apoyo junto al balón y patea con la parte interna del otro pie. Acompaña el movimiento.

Globo

Un **globo** eleva el balón a gran altura una corta distancia. Para ello, sigue las indicaciones para el tiro elevado, pero no acompañes el movimiento.

*Este muchacho mantiene la vista arriba mientras dribla con el balón. Al mirar hacia delante, puede esquivar a sus rivales y ver qué compañeros están **libres** o en posición para recibir un pase.*

¡Muévete!

Imagina que tienes el balón cerca de tu meta. Un rival corre hacia ti y ninguno de tus compañeros está libre para recibir un pase. ¿Qué debes hacer? ¡Muévete! No basta correr, debes **driblar** o mover el balón contigo. Parece fácil: darle una patada suave al balón, dar un paso, dar otra patada y así sucesivamente, ¡pero debes poder hacerlo a toda velocidad y sin mirar al balón!

El drible básico

Dribla con el balón dándole pequeños golpes para que vaya de un pie al otro. El balón viaja en zigzag aunque avances en línea recta. Si le das el impulso justo, cada vez que avances un paso, el balón te estará esperando para que lo patees de nuevo. Si el balón se aleja demasiado de ti, un rival se acercará rápidamente y lo robará.

Ejercicios de drible

Coloca seis marcas en fila, separadas unos tres pasos largos. Usa cualquier cosa como marca (zapatos, camisetas o postes). Avanza por la hilera driblando, esquivando cada marca lo más rápido posible sin perder el control del balón. Cuando llegues al final, da media vuelta y dribla hasta volver al punto de partida.

inicio

Estas ilustraciones muestran cómo el balón cruza tu camino en un drible básico.

A toda velocidad

Cuando te sientas cómodo con el drible básico, trata de patear el balón hacia delante en lugar de hacerlo de lado a lado. No es necesario que cambies de pie para cada patada: usa el pie más cercano al balón. También practica patear con la parte externa del pie al correr. Este drible te permite correr mucho más rápido que con el drible básico, ya que el balón no cruza tu camino.

Es útil patear el balón en forma recta hacia delante cuando debes cubrir un trecho largo y no hay rivales cerca.

Pases

Los pases son una habilidad importante que debes dominar. Por lo general es más fácil pasar el balón a un compañero que tratar de esquivar a un rival. Los pases también avanzan el balón por el campo con mayor rapidez que los dribles. Te permiten darle el balón a un compañero en posición para anotar. Lo más fácil es practicar los pases con un amigo. Pásense el balón uno a otro. Detenlo cada vez antes de devolver el pase. Luego haz pases sin detener el balón. Si no tienes un compañero, usa una pared, que siempre devuelve el balón enseguida.

El jugador que está por patear el balón tiene dos rivales cerca. Al pasárselo a un compañero que está libre, ayuda a que su equipo conserve el balón.

Pases sobre la marcha

Busca uno o más amigos para practicar los pases mientras corres. Sepárense, corran por el campo y dense pases. Apunta y patea el balón con la suficiente fuerza para que nadie tenga que ir más lento o detenerse para devolverlo. Cuando patees el balón, apunta a un lugar un poco adelante del receptor. El balón debe llegar a ese lugar al mismo tiempo que el receptor para que éste pueda seguir corriendo a toda velocidad hacia la portería.

¡No pares! Después de pasar el balón a un compañero, ¡no te detengas a mirar! Sigue corriendo hacia delante y prepárate para que te devuelvan el pase.

Matar el balón ⚽

Usa el muslo para matar un balón que se mueve justo debajo de la cintura. Levanta la pierna del suelo para que el balón golpee el muslo y ruede hacia abajo. Observa cómo este jugador mantiene los brazos y las manos lo más lejos posible del balón. No quiere tocarlo con ellos por accidente.

Durante un partido, muchas veces necesitarás controlar un balón que va por el aire o a gran velocidad por el suelo. Esta habilidad se conoce como **matar el balón**. Cuando va cerca del suelo, puedes matarlo con el pie. Si va por el aire, puedes matarlo con casi cualquier parte del cuerpo, excepto los brazos y las manos. Pídele a un amigo que te lance el balón para que puedas practicar cómo matarlo.

Preparativos

Asegúrate de que la parte del cuerpo que usarás para matar el balón (pie, pecho o pierna) esté relajada. Si el cuerpo está rígido, el balón rebotará y se alejará. Cuando el balón te golpee, retrocede un poco para amortiguar el impacto. El balón caerá al suelo.

Para matar un balón alto

Puedes matar un balón alto con el pecho. Si sube desde el piso, inclínate sobre el balón con el pecho como se muestra abajo. Si el balón está bajando, inclínate hacia atrás para detenerlo, como se ve a la izquierda. Al matar un balón con el pecho es la única ocasión en que una jugadora (aparte de los porteros) puede tocar el balón con los brazos.

(arriba) Esta jugadora gira las palmas hacia dentro para no tocar el balón accidentalmente con las manos.

¡Usa la cabeza!

Cuando el balón está demasiado alto para matarlo con el pecho, puedes controlarlo saltando y pegándole con la cabeza. Parece doloroso, pero un **cabezazo** no debe doler si se hace bien. Es una habilidad que debes dominar, ya que puedes usarla para sorprender a tus rivales con un tiro o pase rápido.

*Golpea el balón con la **línea de nacimiento del cabello**, que se ilustra con un punto azul.*

Trata de mantener los ojos abiertos y la boca cerrada (debes ver el balón si vas a golpearlo, pero si lo golpeas con la boca abierta puedes morderte la lengua). ¡Ay!

*¡No esperes a que el balón te golpee! Es importante mover la cabeza hacia el balón. Cuando se acerque el balón, dobla las rodillas y arquea la espalda. Cuando el balón esté casi en tu frente, endereza las rodillas y la espalda y **conecta** o haz contacto con el balón.*

Con calma

Golpear el balón con la cabeza puede dar miedo (después de todo, ¡no querrás golpearte la nariz!). Comienza practicando esta habilidad con un balón inflable de playa. Sostenlo sobre la cabeza, suéltalo y dale un golpe suave con la frente. Cuando te resulte cómodo hacerlo rebotar en la frente, lánzalo al aire y dale un cabezazo cuando caiga. Golpéalo en diferentes direcciones con la frente. Cuando te sientas listo, practica con un balón de fútbol.

Tómate tiempo para aprender a cabecear. Tus habilidades mejorarán con la práctica.

Pídele a un amigo que te lance el balón para que lo puedas devolver de un cabezazo. Cuando mejores, pídele que se aleje más. También puedes poner blancos y practicar tu puntería. Cuando tú y tu amigo sean grandes cabeceadores, traten de darse pases sin atrapar el balón y sin que toque el suelo. Si quieres practicar solo, trata de cabecear el balón contra una pared. Ve cuántas veces seguidas puedes golpearlo.

Haz tu mejor tiro

Como el objetivo del fútbol es hacer goles, los tiros son una habilidad que debes practicar tanto como puedas. La portería puede ser grande, pero los porteros saben cómo protegerla. Debes buscar un lugar abierto para dirigir el tiro y saber cómo patear el balón para que pase por debajo, a un lado o por arriba del portero y los defensas.

Al principio, pon el balón en el suelo y practica patearlo de manera correcta (ver páginas 14 y 15). A medida que mejores, intenta correr hacia el balón antes de patearlo. Da pasos cortos y rápidos cuando avances. Los pasos cortos hacen que sea más fácil poner el pie de apoyo en la posición correcta, lo cual aumentará la potencia de la patada.

Elige un lugar de la portería o dibuja un blanco con tiza en una pared. Practica patear el balón hacia el blanco con uno y otro pie. Cuando le des al blanco cinco veces seguidas, aléjate y vuelve a intentarlo.

Todo es cuestión de puntería

Primero, practica, practica y practica tu puntería, y luego preocúpate por la potencia de tus tiros. Por más fuerte que patees el balón, ¡de poco valdrá si no puedes dirigirlo a tu objetivo!

Tiros sobre la marcha

No tendrás tiempo para parar el balón antes de patearlo a la portería. En un partido, deberás seguir corriendo cuando hagas un tiro. Para practicar los tiros en movimiento, pídele a un amigo que ruede o lance el balón hacia ti mientras corres. Practica los tiros a un objetivo mientras el balón está en movimiento.

Paradas salvadoras

Para atrapar el balón, los porteros forman una "W" o un diamante con los pulgares y los dedos índices. Esta posición impide que el balón se les escape entre las manos y quede fuera de su control.

Los porteros son la última línea de defensa y la primera línea de ataque de sus equipos. Cubren el área penal y **hacen paradas**, es decir, detienen cualquier balón que supera a los defensas. Después de controlar el balón, los porteros comienzan el nuevo ataque al darle un pase a un compañero. Controlan el área grande y dirigen las jugadas defensivas de sus compañeros. Siempre deben estar atentos a lo que ocurre en el partido.

Defiende tu territorio

Sal al área penal para defender tu portería.
Es más difícil parar un tiro si estás sobre
la línea de meta. **Prepárate** (pies separados,
rodillas dobladas y manos arriba) cuando el
balón se acerque. Desde esta posición es más
fácil reaccionar con rapidez a un tiro. Hay
muchas formas de hacer una parada. Puedes
correr, saltar o lanzarte para atrapar el balón o
golpearlo con las manos o los pies para alejarlo
de la portería. Trata de permanecer siempre
de pie a fin de estar listo para un **rebote**.

*Los porteros **golpean**
o dan un puñetazo al
balón para alejarlo
de la portería
cuando no
tienen tiempo
de atraparlo.*

De vuelta al ataque

Después de hacer una parada, debes abrazar
el balón contra el pecho con ambos brazos.
Espera a que todos los rivales se alejen del área
de meta y luego inicia el ataque de tu equipo,
rodando, lanzando o **despejando** el balón a un
compañero. Puedes tener el balón hasta seis
segundos antes de que debas soltarlo.

Entradas

*Esta niña **bloquea** a su adversario y así lo obliga a detenerse. Con el interior del pie bloquea el balón cuando él intenta driblarla.*

Un equipo sólo puede anotar cuando tiene el balón, por eso es importante aprender a quitárselo al rival. Esta destreza se denomina **recuperación del balón**. Los defensores de un equipo utilizan **entradas** para quitarles el balón a los atacantes. Al hacer una entrada, se debe tener cuidado para no cometer accidentalmente una **falta** (ver páginas 30 y 31).

Quitar el balón con el pie *es similar a un bloqueo, pero en vez de detener al rival, el objetivo es golpear el balón para que el contrincante pierda el control del mismo. Para lograrlo, usa la punta del pie para golpear el balón mientras el adversario dribla.*

Carga con el hombro

Una **carga con el hombro** es el único contacto físico permitido entre jugadores. Cuando corras junto a un rival, usa tu hombro para empujar el suyo. La idea es desequilibrar a tu adversario y robarle el balón, ¡no derribarlo! Mantén los brazos pegados al cuerpo cuando hagas una carga con el hombro, para no pegarle al rival con los codos.

Barrida

Una **barrida** sólo debe usarse como último recurso, cuando eres el único defensor entre el atacante y tu portero. Tírate al piso con los pies por delante y trata de quitarle el balón a tu rival. Asegúrate de golpear el balón, ¡no a tu adversario!

Con un amigo, puedes practicar tus destrezas de entrada. Fija una línea de partida y otra de llegada. Túrnense para ser el atacante y el defensa. El atacante debe driblar el balón de una línea a la otra sin que el defensa se la quite. Puedes pedirle a otro amigo que sea el árbitro.

Las reglas del juego

Las reglas ayudan a que el juego sea justo y seguro. Cuando cometes una falta o violas una regla, te aplican una **sanción**. El otro equipo puede ganar el control del balón o tener una oportunidad de disparar a la portería.

¡Falta!

Hay dos tipos de faltas: **graves** y **leves**. Tocar el balón con la mano o el brazo, hacer una entrada al rival por detrás y patear, zancadillear o sujetar a un rival intencionalmente son faltas graves. Las faltas leves incluyen bloquear un rival que no tiene el balón, correr hacia el portero cuando tiene el balón y estar **fuera de juego**.

(parte superior) Una barrida que toca al jugador en lugar del balón puede costarte una sanción grave. (arriba) Al jugador de la derecha se le aplicará una sanción leve por golpear con los codos.

30

Fuera de juego

La regla de fuera de juego intenta impedir que los jugadores esperen frente a la portería de su rival. Estás fuera de juego cuando recibes un pase en la mitad del campo del rival y sólo hay un contrincante, por ejemplo, el portero, entre tú y la portería.

fuera de juego

Tiros libres

Cuando cometes una falta, al otro equipo se le otorga un **tiro libre**. El balón se coloca en el suelo donde ocurrió la falta y un jugador lo patea para ponerlo en juego. Si cometes una falta grave, al otro equipo se le otorga un **tiro libre directo** (puede patear el balón directamente a la meta). Para una falta leve, se otorga un **tiro libre indirecto**. El pateador debe darle un pase a un compañero antes de que pueda anotarse un gol.

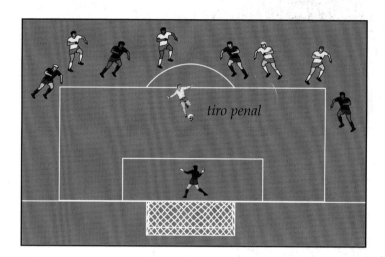

tiro penal

Tiros penales

Si cometes una falta grave dentro del área penal, al otro equipo se le otorga un **tiro penal**. El balón se coloca en el punto penal y un jugador lo patea hacia la meta. Todos los otros jugadores deben estar fuera del área y el arco penal y nadie puede moverse hasta que se patee el balón. A menudo se anotan goles con tiros penales.

*Los árbitros tienen tarjetas de colores que pueden sacar para mostrar una falta. Una tarjeta amarilla es una amonestación. Una tarjeta roja indica que un jugador es **expulsado** del partido.*

Terminología del fútbol

Nota: Es posible que las palabras en negrita que están definidas en el texto no aparezcan en el glosario.

acompañar el movimiento Seguir el movimiento de la patada después de pegarle al balón

árbitro Oficial que supervisa el partido para asegurar que haya juego limpio

centrodelantero Delantero que juega por el centro de la cancha

Copa Mundial Torneo internacional de fútbol organizado por la FIFA cada cuatro años

defensa Jugador cuya posición está entre los mediocampistas y el portero para ayudar a proteger la portería

delantero Jugador que juega delante de sus compañeros para liderar los ataques a la meta rival

despeje Patada dada por el portero, en la cual el portero tiene el balón en las manos, lo suelta y lo patea por el aire

driblar Mover el balón hacia delante con patadas cortas y rápidas

empeine La superficie superior del pie, cerca del dedo gordo

entrada Movimiento usado para quitarle el balón a un rival

espinillera Protector delgado que se usa debajo de las medias

extremo o **volante** Delantero que juega del lado izquierdo o derecho de la cancha

FIFA (Federación Internacional de Fútbol Asociación) La organización que regula los partidos internacionales de fútbol

liga Grupo organizado de equipos

matar el balón Movimiento usado para parar el balón y controlarlo

mediocampista Jugador cuya posición está entre los defensas y los delanteros para ayudar a atacar y defender

rebote Balón que rebota en el portero o en un poste de la meta

tiro de esquina Tiro libre otorgado al equipo de ataque después de que el equipo defensor saca el balón del campo por su propia línea de meta. Los tiros de esquina se hacen desde el cuadrante de esquina más cercano a donde salió el balón

Índice

árbitros 6, 7, 29, 31
área de meta 6, 7, 27, 31
área penal 6, 7, 26, 27, 31
ataque 7, 26, 27
botines 9, 12
cabecear 22-23
campo 4, 6-7, 12, 16, 18, 19, 31
cancha *ver* campo
compañeros 6, 16, 18, 19, 26, 27, 31
defensa 6, 7, 24, 26, 27, 28, 29
driblar 6-17, 18, 28, 29

entradas 28-29, 30
equipos 4, 6, 7, 9, 18, 26, 27, 28, 30, 31
estiramientos 10-11
faltas 28, 30, 31
FIFA 4
fuera de juego 30, 31
matar el balón 20-21, 22
metas 4, 6, 14, 24, 31
paradas 26-27
pases 6, 12, 14, 15, 16, 18-19, 22, 26, 31

patear 6, 7, 9, 12, 13, 14-15, 16, 17, 18, 19, 24, 25, 27, 30, 31
porterías 4, 6, 12, 19, 24, 25, 27
porteros 4, 6, 7, 9, 21, 24, 26, 27, 29, 30, 31
reglas 7, 30-31
rivales 4, 6, 12, 16, 17, 18, 22, 27, 28, 29, 30, 31
sanciones 30, 31
saque de salida 6, 7
tiros 6, 12, 15, 22, 24-25
uniforme 9
zapatos *ver* botines

1 2 3 4 5 6 7 8 9 0   Impreso en Canadá   4 3 2 1 0 9 8 7 6 5